自家訓練系列 ④

可愛的你

關心妍、羅乃萱　著

Kyra Chan　圖

向孩子傳遞正向價值信念

家，是孩子的第一所學校。而父母，就是他最好的老師與示範。

這些年從事親子教育，眼見很多孩子被父母寵壞：動輒就大叫大喊發脾氣，但骨子裏卻是缺乏自信，不懂得愛惜自己、尊重別人。更不懂的，就是如何自律，安排時間，甚至收拾東西、做家務等等。

別以為這些是小事，讀好書考好成績是大事。

不。

當一個孩子對自己有信心，他便會接受新的挑戰與成長。

當一個孩子懂得愛惜自己，他便會懂得怎樣關心別人。

當一個孩子懂得自律，他便會自動自覺，懂得規劃時間。

當一個孩子懂得自理，他便會更獨立懂得照顧自己，不用要求父母事事幫忙。

這也是我跟心妍的信念。

所以當那天，心妍跟我談到她想寫些對幼稚園孩子有正向教育意義的兒歌時，我就想到這四個可以寫成日常生活故事的兒童繪本。結果，一拍即合，她提供一些故事橋段，我動筆把自己觀察的跟她的配合來寫。但這四本書最特別之處，是她寫了四首琅琅上口，極易背誦的兒歌，配合故事讓孩子邊讀邊唱，我們想傳遞給他們的價值信念，就是可以這樣「深入童心」了。

自從當了婆婆後，發覺自己好像「重新做人」似的，重新學習跟這一代的孩子相處。而每趟跟乖孫的互動，都是超級愉快，更發現他十分喜歡互動故事。所以當父母與孩子共讀這套書的時候，可以自加一些延伸活動：

如心心怕去面試，和父母玩的「扮老師」遊戲可以延續下去，好像「扮爸媽」、「扮公公婆婆」、「扮家務助理姐姐」等。這樣我們就可以知道多一點這些人物在孩子心中的形象。

如信信的自理故事可延伸至問孩子想幫媽媽做哪些家務，會否想幫忙「洗米」、「搓麵粉做麵包」等等，都可增加孩子對家務的興趣。有朋友告訴我，自從孩子懂得「洗米」後，他的那碗飯都是吃得一乾二淨的。

不少父母覺得閱讀就是要孩子「識字」，我卻深深覺得，讓孩子透過閱讀愛上閱讀，對世界充滿好奇，並覺得閱讀是跟自己的生活貼近的，才是閱讀的初衷。

至於怎樣跟孩子講書中的故事，可按他們的年齡與認知程度調校。二三歲的孩子，可以讀一兩頁，問問他書中的圖畫內容，慢慢讀慢慢欣賞繪本中的圖畫。如果孩子可專心聽，就可以一頁一頁跟他分享，歡迎家長在其中加入情節，如加入公公婆婆等，會更貼近他的生活。更加鼓勵的是，當孩子讀那本有關「自律」的繪本讀得入神時，忽然見到家中有幾本繪本沒放好，便將之放回書架，這類「讀以致用」的投入，我絕對歡迎。

　　我是個愛突發奇想，任由腦袋自由奔放想像的人。所以很歡迎各讀者（特別是爸媽）將這四個故事的主幹「妙想天開」，發揚光大。不過重要的是，故事中的四個信念：自理、自信、自律、自愛要深深種在孩子的心靈啊！

羅乃萱

讓孩子走上正確的道路

「教養孩童，使他走當行的道，就是到老他也不偏離。」

——箴言 22:6

　　自我成為母親後，以上這句一直都是對我十分重要的經文。孩子要從小開始教導，讓他未來走上一條正確的道路，不偏離左右。因此在創作這套繪本時，特以自理、自信、自律、自愛為主題。現在的小朋友很需要學習「自己的事自己做」，從小培養獨立的習慣。當孩子發現，在學校或日常生活上，很多事情他都可以做得到時，就能夠提高他們的信心，變得更加有自信。孩子有自信的時候，他就會有喜樂，就會有平安，就會有好的品格。

　　希望這套繪本和我創作的兒歌，都能夠祝福我們的孩子。

關心妍

當鬧鐘響起，
信信和心心起牀時，
一張開眼睛就會見到
爸爸媽媽開心地笑着説：

「我們的寶貝，早安！」
然後親親兩兄妹的臉。

信信和心心也會親親爸爸媽媽。
爸爸媽媽就會回應説：
「我愛你，信信！我愛你，心心！」

信信和心心看見媽媽煮的美味早餐，
胃口大增，很快就把早餐
吃得光光的。

因為他們都聽爸爸媽媽的話，
知道愛惜自己的身體，
好好吃飯就可以快高長大。
爸爸媽媽見到，更會豎起拇指讚好。

上學時間到了，
爸爸媽媽送信信和心心上校車。
爸爸媽媽分別跟信信與心心
來個緊緊的擁抱，
然後親親他們的臉，才說再見。

媽媽說：
「你們在學校要聽老師的話，
還要好好保護自己，不要受傷。
爸爸媽媽愛信信，也愛心心。
等一下就會來接你們放學啊！」

信信和心心
笑著說好。

今天，
心心的班裏來了一位新同學，
長得圓圓胖胖的，
名字叫小波。

同學們見他長得胖胖的，
都叫他「肥波」。

小波聽了很不開心，
知道同學們在取笑他，
所以小息的時候，
他靜靜地坐一旁，
沒有和其他同學玩。

心心見到小波自己一個
坐在操場的長椅上，
便走過去問他：
「小波，來跟我們一起玩啊！」

「不！他們都叫我『肥波』，
一定是不喜歡跟我玩！」

「不是的！你是天父創造的孩子，
都是很可愛的。來，讓我帶你到他們那邊去！」

同學們見到小波走過來，
都很歡迎小波加入，一起玩拋皮球。

小波玩得很好，
同學拋給他的球，
他都能接住。

大家都很喜歡小波，更讚美小波說：
「你的手腳很靈活，動作很快呢！」

「你們都叫我『肥波』，
我以為你們都不喜歡我！」小波説。
「不是啊！你很可愛！」同學們説。

「我的媽媽也説，
我胖胖的樣子很可愛！」
小波開心地説。

「對不起，我們不再叫你『肥波』了。」
同學們說。

小波很高興，
知道自己是受同學們喜愛的，
也更樂意展現自己了。

很快就放學了，
心心和小波成了好朋友，
還說好明天小息也要一起玩。

媽媽接心心回到家裏，
見到心心很開心的樣子，便問：
「今天學校發生了什麼開心事？」

「我交到一位新朋友，
他叫小波。」

心心就把小波因為長得胖
而被同學改綽號的事，都告訴媽媽。

「所以，我主動跟他玩，逗他開心呢！」

爸爸下班回來，
心心一見到爸爸，
就馬上告訴爸爸
她交了小波這位新朋友。

「我還告訴小波，
我們都是天父創造的孩子，
每一個都很特別，
也很可愛！」

「是啊！心心的特別，
就是她有一顆關愛別人的心，
信信也是。
你們都是爸媽和天父眼中的寶貝。」

爸爸一手抱着信信，
一手抱着心心說。

這個晚上，他們一家禱告：
「感謝天父，
你很愛信信，也很愛心心。
我們也記念心心的新朋友小波，
求主讓他知道天父愛他，
身邊的同學都愛他，
他也要愛自己，學會欣賞自己。
阿們！」

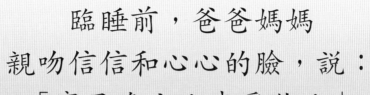

臨睡前，爸爸媽媽
親吻信信和心心的臉，說：
「寶貝晚安！我愛你！」
信信和心心說：
「謝謝爸爸媽媽的愛！
我也愛你們！」

親子互動區

想一想

1. 小波為什麼不開心，不主動和同學們玩？
2. 同學為什麼接受小波，和小波一起玩？
3. 為什麼心心說小波很可愛？
4. 你有什麼優點或長處？
5. 假如你有同學被取笑，不高興，你會說什麼來安慰他？

動一動

1. 每天家長和孩子說一句稱讚或鼓勵的話，並寫在卡紙上，貼在家中。
2. 親子一起玩拋接球或閃避球遊戲。
3. 親子一起聽聽唱唱這本書所附的兒歌，家長也可和孩子一起設計動作，邊唱歌邊跳舞。

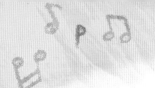

自愛的孩子

主唱：關心妍、楊榮心
作詞：關心妍
作曲：關心妍
編曲：李明宇

掃描 QR 碼，
和孩子一起唱兒歌。

爸爸媽媽 錫晒我　我要做個 開心果　無時無刻 看顧着我

一 天到 晚笑 呵　呵呵呵學會愛錫自己　感恩好好過

感激 祂創 造　將歡笑 傳出去 學會 分享愛　我 懂得學會自　愛

自家訓練系列 **4**

可愛的你

作　　者：關心妍、羅乃萱
繪　　者：Kyra Chan
責任編輯：周詩韻
美術設計：Kyra Chan
出　　版：明窗出版社
發　　行：明報出版社有限公司
　　　　　香港柴灣嘉業街18號
　　　　　明報工業中心A座15樓
電　　話：2595 3215
傳　　真：2898 2646
網　　址：http://books.mingpao.com/
電子郵箱：mpp@mingpao.com
版　　次：二○二二年七月初版
Ｉ Ｓ Ｂ Ｎ：978-988-8688-52-4
承　　印：美雅印刷製本有限公司

版稅收益將撥捐妍亮生命慈善基金及家庭發展基金作慈善用途。